自力旅游中国

バスに揺られて
自力で潮州
Tabisuru CHINA 011
路線バスで
潮州と韓江
Asia City

【白地図】潮州と華南

CHINA
潮州

【白地図】深圳から潮州

CHINA
潮州

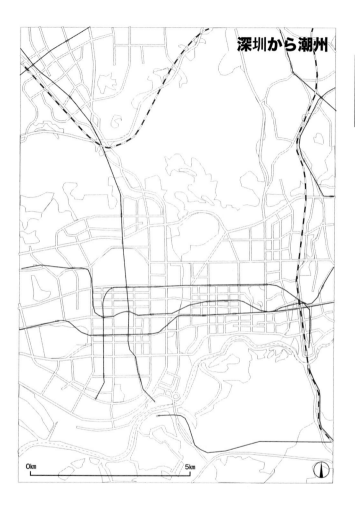

【白地図】広州から潮州

CHINA
潮州

広州から潮州

Chaozhou 白地図

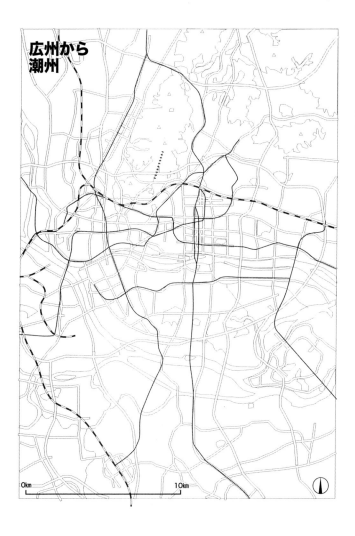

【白地図】厦門から潮州

CHINA
潮州

厦門から潮州

Chaozhou 白地図

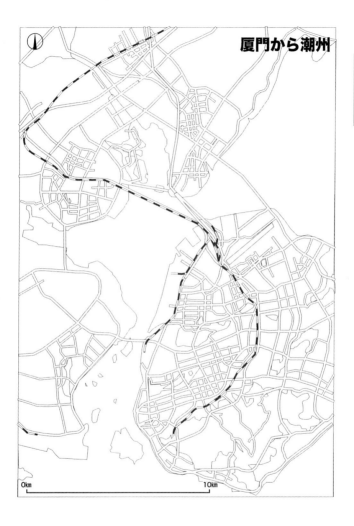

【白地図】潮汕駅から潮州市街へ

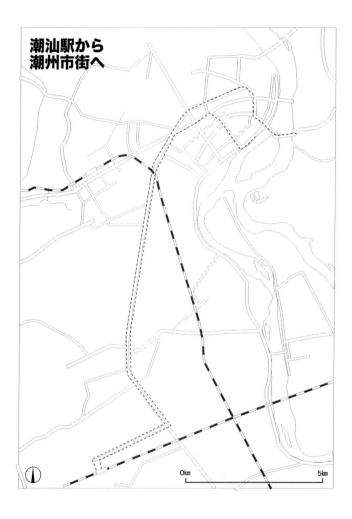

潮汕駅から潮州市街へ

Chaozhou 白地図

【白地図】潮州6大エリア

CHINA
潮州

【白地図】潮州バス路線図

CHINA
潮州

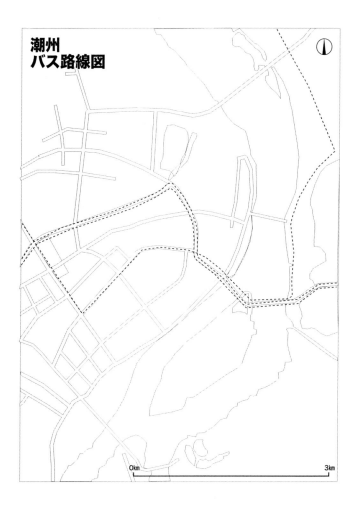

【白地図】潮州新市街

CHINA
潮州

【白地図】潮州旧城

CHINA
潮州

潮州旧城

Chaozhou

白地図

【白地図】旧城中心部

CHINA
潮州

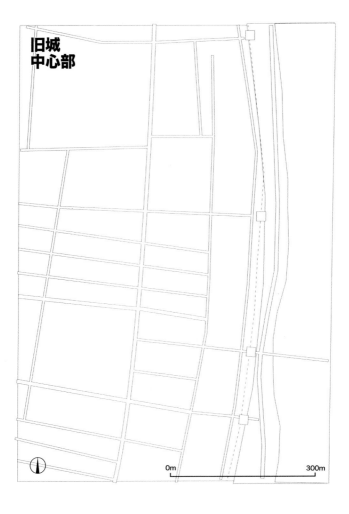

【白地図】韓江東岸

CHINA
潮州

韓江東岸

Chaozhou 白地図

【旅するチャイナ】
011 バスに揺られて「自力で潮州」
012 バスに揺られて「自力で汕頭」
013 バスに揺られて「自力で温州」

CHINA
潮州

潮州は、世界で一番中華料理がおいしい場所。これまで旅してきた私見では、そう思います。軒先にならべられた海鮮やブタ肉。潮州バスターミナル前の屋台では、朝から海鮮炒めものを食べられ、ツバメの巣「燕窩(イェンウォ)」やフカのヒレ「魚翅(ユイチー)」はこの地方が誇る中華料理の最高峰として知られます。

実は、潮州に出かけるまでに、二度、この潮州料理と出合っています。一度はバンコク、チャイナタウンにて。もう一度は香港尖沙咀と九龍城にて。

Tabisuru CHINA 011
バスに揺られて
自力で潮州

　中国におくわしいかたなら、言わずもがな、かもしれませんが、なぜバンコクや香港で潮州料理に出合っていたのでしょうか？　潮州を語るうえではずすことのできないこれらのエピソードとともに、潮州をご案内したいと思います。

【自力旅游中国】

Tabisuru CHINA 011 自力で潮州

目次

自力で潮州	xxiv
潮州どんなとこ？	xxviii
食の都潮州行こう	xxxviii
潮汕駅から潮州市街へ	li
潮州ざっくり把握	lxiii
新市街と旧城間のアクセス	lxx
潮州旧城歩いてみよう	lxxviii
さらに潮州観光しよう	xcvii
汕頭行ってみよう	cv
深圳広州厦門へ帰ろう	cx
あとがき	cxvii

【MEMO】

潮州 どんなとこ？

CHINA
潮州

「食の都」潮州
広東省東部の沿海部に位置し
文化的にはお隣の福建省に近いと言われます

潮州ってどこにある？？

潮州は中国最南端の広東省の東部。海峡をはさんで台湾にも近い海岸地帯に位置します。この地方を流れるのが韓江で、そのほとりに潮州の街があります。韓江は潮州から枝わかれして、南海にそそぐのですが、その河口部に港町汕頭があります（韓江デルタ）。言わば「潮州」と「汕頭」は双子のような関係をもち、隋（581〜618年）代以前から県城があった伝統的な都市が「潮州」、そしてアヘン戦争以後の1860年に開港されて西欧の近代文明がいち早く入ってきた港町が「汕頭」となっています。

Chaozhou 潮州どんなとこ？

華僑として活躍した潮州人

最初に潮州に出かける以前に、潮州料理と出合っていた。と記しましたが、これは潮州以外の場所で潮州料理を食べていたという意味です。潮汕（潮州と汕頭）はじめ、中国東南沿岸部の福建省、広東省は山がちで耕作地が少なく、加えて目の前に海が広がっているため、宋（960〜1279年）代ごろからこの地方の人びとは華僑として東南アジアに進出してきました。なかでも潮州人と、とりわけ関係が深いのがタイのバンコクです。人口爆発で食料が不足するようになっていた17世紀、清朝時代の中国。この食糧危機に応えたのが、東

潮州

南アジアのタイ米です。潮州人はタイ米の運搬を一手ににないうことで、潮州(中国)とタイ(東南アジア)のかけ橋になっていきます。

潮州とタイの深い関係

18世紀になると、潮州とタイの関係をさらに決定づけるような出来事が起こります。当時のタイにはアユタヤに都をおくアユタヤ朝(1351～1767年)がありましたが、隣国ビルマの侵入を受けてアユタヤは陥落しました。これに対して立ちあがったのが、潮州人を父に、タイ人を母にもつタクシン

CHINA
潮州

（中国名は鄭昭）で、1767年、バンコクにトンブリー朝を開きます。トンブリー朝はやがてバンコク朝にとって替わられますが、実質、タクシン（鄭昭）が現在まで続くタイの都バンコクの創始者であると言えるようです。タクシン（鄭昭）は都の建設にあたって、多くの潮州人をバンコクに呼び寄せたと伝えられます。そして、現在のバンコク中心部にあるチャイナ・タウンは潮州人街となっているというのです。

Chaozhou 潮州どんなとこ？

▲左　夜、ライトアップされる潮州旧城の広済門。　▲右　新鮮な海鮮が軒先にならぶ

バンコクのチャイナ・タウンは潮州人街

20世紀末から21世紀初頭にかけて、バンコクのチャイナ・タウンはカオサン通りとならぶ安宿街として知られていました。とくにドンムアン空港（昔の国際空港）から鉄道で市街に出てきた場合、まず落ち着くのがこのチャイナ・タウンだったのです。バンコクのチャイナ・タウンで「やっぱ中華はうまいよな〜」「中華、はずれない！」などと言っていたのは、潮州料理（＝中華）のことだったのでした。

潮州

潮州人は香港にも進出

そして、バンコクとならんで日本人に親しみ深い香港でも潮州料理は食べられています。香港はご存知の通り、1842年、アヘン戦争の敗戦で中国からイギリスに割譲されたという経緯があります。水上居民は暮らすものの、ほとんど何もない香港島と対岸の九龍半島。そこへ労働力、商人として多くの人が集まりましたが、潮州人もそのなかのひとグループだったのです。とくに上環文咸街の商人「南北行」、魔窟と恐れられた「九龍城」の住人の多くが潮州人だったと言います。そのため、香港では現在でも広東料理とならんで、潮州料理

▲左　潮州では手間をかけて茶を飲む。　▲右　楼閣がつらなる広済橋、中央部は浮船がならぶ

が人気料理として食べられています。

キーワードは潮州語

ところで、潮州人は東南アジア各地で潮州人街をつくり、香港でも潮州料理が名物料理となっています。中国には地縁や血縁を単位とするグループがいくつもありますが、なぜ潮州人だけここまで強いつながりや個性をもっているのでしょうか？　理由は潮州を中心とする韓江デルタで話されている「潮州語を母語とする」ということだそうです。潮州語は同じ広東省に位置しながら、広州や香港で話されている広東

CHINA
潮州

語とはまったく異なる言葉で、両者は互いに通じないと言います。そして、潮州語は逆に隣接する福建省南部の閩南語に近いとされます（宋代、福建省南部の漳州から潮州へ大規模な移民があったそうです）。そのため、この韓江デルタという比較的狭い範囲で話されている潮州語を母語とする人びとが、中国でも、海外でも、強い連帯をもつことになったと考えられるようです。さて、前置きが大変、長くなりましたが、早速、潮州の自力旅へ向かいましょう。

【MEMO】

Chaozhou 潮州どんなとこ？

食の都
潮州
行こう

CHINA
潮州

厦門から深圳、広州へと続く
中国東南沿岸部に位置する潮州
高鉄に乗って出かけましょう

潮州へ行こう

潮州への起点となるのが、香港に隣接する「深圳（香港）」、広東省省都「広州」と、福建省南部最大の街「厦門」です（香港に降り立った場合はまず深圳に行く必要があります）。これらの街へは日本からのアクセスはそれほど悪くありません。そして、「深圳」「広州」「厦門」のいずれの街からも、潮州方面「潮汕」への高速鉄道が通じています。それぞれ1時間半〜3時間程度で各都市と「潮汕」を結んでいます。ただし、高鉄こと中国版新幹線は切符の取得が大変難しいという一面もありますので、「当日、行って切符を買う」とはな

Chaozhou　食の都潮州行こう

かなかならないかもしれません。そのため、高鉄に乗る場合は、前日までに切符をとっておくことを心がけましょう。また各地から潮州行きの在来線やバスもありますが、5〜8時間程度の時間を要しますので、断然、高鉄での旅をおすすめします。

潮州

深圳から潮州

・高鉄で。「深圳北駅」から「潮汕駅」まで2時間半程度。頻繁に出ている

・鉄道で。「深圳駅」から「潮州駅」まで8時間程度

・バスで。「羅湖バスターミナル(羅湖汽車站)」「福田バスターミナル(福田汽車站)」など各地から出発。5時間程度

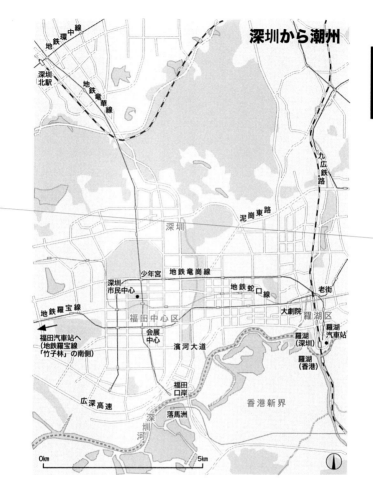

深圳から潮州

Chaozhou | 食の都潮州行こう

潮州

広州から潮州

・高鉄で。「広州南駅」から「潮汕駅」まで3時間程度。1～2時間に1、2本程度。「広州東駅」からの便もある模様

・鉄道で。「広州駅」から「潮州駅」まで8時間程度

・バスで。「広州バスターミナル（广州汽车客运站）」や「天河バスターミナル（天河客运站）」から「潮州バスターミナル（潮州汽车总站）」まで6時間程度

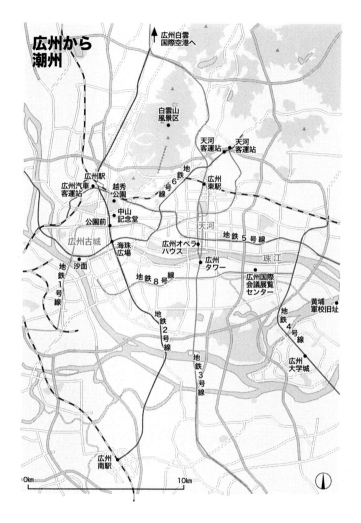

厦門から潮州

・高鉄で。「厦門北駅」から「潮汕駅」まで1時間に1本程度。1時間半程度

・鉄道で。「厦門駅」から「潮州駅」まで8時間以上。途中で乗り換えの必要も

・バスで。「湖濱バスターミナル（湖滨汽车站）」から

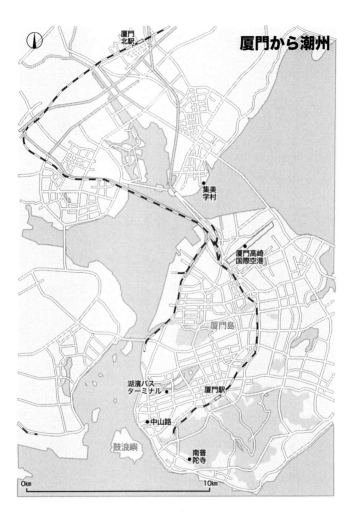

厦門から潮州

Chaozhou 食の都潮州行こう

潮州

汕頭から潮州

・「汕頭バスターミナル（汕头汽车总站）」「汕頭中旅客運ターミナル（汕头中旅客運站）」など、汕頭のいくつかのバスターミナルから潮州行きのバスが出ている

・どのバスターミナルで乗っても各バスターミナルでピックアップしていく方式。所要1時間程度

今回の旅程

ここで今回の旅程を記したいと思います。浙江省温州から、福建省福州へ。福州から泉州、泉州から高鉄に乗って潮汕へ。

Chaozhou 食の都潮州行こう

▲左　足を浮かせているのは自動だから、潮州のオート三輪車　▲右　牌坊がならび立つ潮州旧城のメインストリート

潮汕から乗り合いバスで、潮州市街へ。潮州市街では路線バスにも乗りましたが、旧市街にバスや車が入られないため、バイタクとオート三輪がもっとも使える足でした。バイタク、オート三輪、徒歩、路線バスを使って潮州をまわって、潮州から汕頭まで乗り合いバス。潮州、汕頭の旅を終えてから、潮汕駅で高鉄に乗って厦門北まで移動。以上が今回、実際にとった旅程となります。そのため、この旅行ガイドでは、1，実際に自分で乗った路線バスなどの情報、2，駅やバス停で調べた情報、3，公式ホームページなどで紹介されている伝聞情報から構成されます。

我想坐高铁去潮汕

[見せる中国語]

wǒ xiǎng zuò gāo tiě qù cháo shàn

ウォシィアンズゥオ・ガオティエ・チュウチャオシャン

私は「中国版新幹線（高鉄）」で潮州（潮汕）に行きたい

我想去潮州

[見せる中国語]
wǒ xiǎng qù cháo zhōu
ウォシィアン・チュウ・チャオチョウ
私は潮州に行きたい

【MEMO】

潮汕駅から潮州市街へ

高鉄潮汕駅はちょうど潮州と汕頭のあいだ
潮州行きのバスも
汕頭行きのバスも出ています

潮汕とは

「潮汕」という言葉は、潮州を旅してはじめて知った言葉です。「潮州」と「汕頭」の頭文字をとって「潮汕」です。潮州と汕頭をあわせた地域を、潮汕と呼ぶのですが、高鉄の潮汕駅はちょうど潮州と汕頭のあいだにありました。だから「潮汕駅(チャオシャァンチャアン)」というネーミングも、ばっちり決まっています。潮州へ行くにも、汕頭に行くにも、高鉄では「潮汕駅(沙溪高铁站とも呼ぶ)」が最寄り駅となります。

潮州

潮汕から潮州市街へ

潮汕駅（沙溪高铁站）から潮州市街へは専用の乗り合いバスが出ています。潮州市街まで大型バスなら5元、マイクロバスなら8元でした。潮汕駅の北口を出ると、右斜前方に潮州行きと、汕頭行きのバス乗り場があり、すぐにわかることでしょう。汕頭行きが「181路」、潮州市街行きが「潮州」と呼ばれておりました。潮汕駅は「沙溪高鉄駅」と表記されていましたので、こちらから目的地の潮州市街へと向かいます。新市街ならば「人民広場（市政府）」、街の中心は「潮州バスターミナル（汽車総站）」、旧市街は「南橋（牌坊街）」といっ

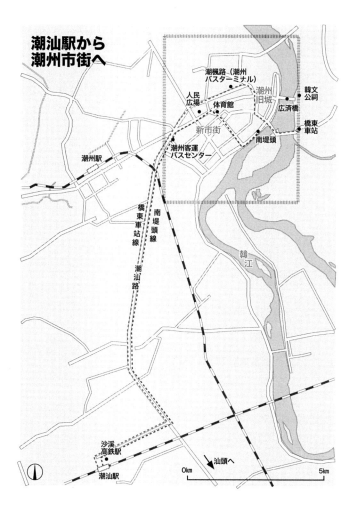

潮州

た感じです。また在来線で潮州駅に降り立った場合、路線バス1路で「火車駅(火車站)」から「潮州バスターミナル(潮州汽车总站)」を目指しましょう。

[アクセス情報] 潮汕駅〜潮州市街
・潮州市街まで5〜8元で、15〜30分に1本程度出ている
・潮州市街まで20〜40分程度
・「沙渓高鉄駅〜橋東車站」「沙渓高鉄駅〜南堤頭」などいくつかの路線があり、表記もバス停などによって異なる
・どの路線でも、潮州市街では「市政府(人民広場)」か「潮

▲左　高鉄の潮汕駅と潮州市街を結ぶバス　▲右　潮州市街までは15kmほど離れている

州バスターミナル（汽车总站）」下車ならば問題ない。潮州から潮汕駅に帰る場合も同様

[アクセス情報] 潮汕駅〜橋東バスターミナル線

・高鉄潮汕駅　沙溪高铁站〜潮恵高速公路連接線潮惠高速公路連接線〜潮汕公路（池湖中心客運站）潮汕公路（池湖中心客运站）〜○潮楓路（公共汽車総站）潮枫路（公共汽车总站）〜西河路　西河路〜環城南路（南堤頭）环城南路（南堤头）〜東山路　东山路〜橋東車站　桥东车站

・20分に1本

・○潮楓路（公共汽車総站）下車がおすすめ

[アクセス情報] **潮汕駅～南堤頭線**

・高鉄潮汕駅 沙溪高铁站～潮恵高速公路連接線 潮惠高速公路连接线～潮汕公路（池湖中心客運站）潮汕公路（池湖中心客运站）～○楓春路（体育館） 枫春路（体育馆）～南堤頭 南堤头

・15分に1本

・○楓春路（体育館）下車がおすすめ

Chaozhou 潮汕駅から潮州市街へ

[アクセス情報] その他の路線

・潮汕駅〜鉄舗線、潮汕駅〜官塘線、潮汕駅〜庵埠（冠園）などの路線があり

・30分に1本

我想去公共汽车总站

[見せる中国語]
wǒ xiǎng qù gōng gòng qì chē zǒng zhàn
ウォシィアン・チュウ・ゴォンゴォンチイチャアゾォンチャン
私は「潮州バスターミナル（公共汽車総站）」に行きたい

我想去
人民广场

[見せる中国語]
wǒ xiǎng qù rén mín guǎng chǎng
ウォシィアン・チュウ・レェンミィングゥアンチャアン
私は人民広場（市政府）に行きたい

我想去体育馆

[見せる中国語]
wǒ xiǎng qù tǐ yù guǎn
ウォシィアン・チュウ・ティイユウグゥアン
私は楓春路（体育館）に行きたい

我想去南桥

[見せる中国語]

wǒ xiǎng qù nán qiáo

ウォシィアン・チュウ・ナァンチャオ

私は南橋に行きたい

【MEMO】

潮州
ざっくり
把握

韓江ほとりに開けた潮州
ざっくりと街を把握し
街歩きをはじめてみましょう

潮州6大エリア

潮州を旅するうえで、抑えておきたい潮州6大エリアをご紹介します。まず、潮州への足がかりとなる高鉄の「潮汕駅」、新市街の中心に位置する「人民広場」、汕頭や広東省各地へのバスが集まる「潮州バスターミナル（汽车总站）」、牌坊街への入口にあたる「南橋」、そして広済橋へ続く「広済門」、そして韓江対岸の「韓文公祠」です。ちなみに高鉄の切符は、「潮州バスターミナル（汽车总站）」近くのオフィスでも買えますので、「潮州バスターミナル（汽车总站）」には何かとお世話になることも多いでしょう。

【MEMO】

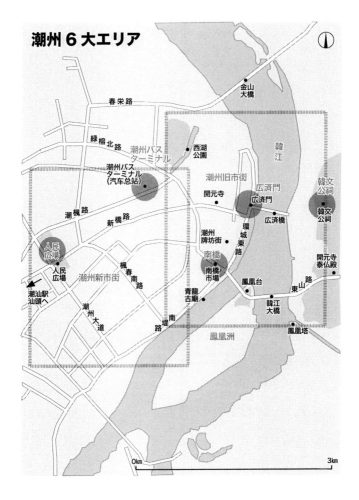

潮州

潮州をざっくり

続いて潮州市街をかんたんに紹介します。潮州は韓江のほとりに開けた街で、隋代から 1500 年以上の歴史をもっています。韓江に面した「広済門」が言わばこの街の正門にあたり、そこから楕円形の旧市街が広がっています（韓江をさかのぼってくる船がここに集まったと言います）。旧市街には牌坊街や開元寺など、昔ながらの面影を伝える街並みが残ります。一方で、20 世紀以降に発展したのはこの潮州旧城の西側の新市街です。新市街の基点になるのは「人民広場」で、周囲には高層ビルも見られます。

▲左　潮州に左遷された唐代の文人、韓愈。　▲右　人民広場付近では高層建築も見られる

旧市街と新市街どっちに泊まる？？

潮州は旧市街と新市街の距離が比較的近いため、どちらに泊まっても問題ありませんが、「見どころは旧市街」に集まり、「外国人向けホテルは新市街」に集まっています。そして、旧市街は驚くほど、夜が早いのです。日が暮れてしばらくすると、人がいなくなります。けれども、新市街のほうは夜遅くまで多くの人でにぎわいます。そのため、街を歩いた感想からすると、潮州では新市街、とりわけ「潮州バスターミナル（汽车总站）」まで歩ける距離に宿泊すると、いろいろと便利でしょう。

潮州ベスト5

1，広済橋

2，牌坊街

3，胡栄泉

4，韓文公祠

5，開元寺

以上は、潮州を訪れたならはずしたくない見どころです。また潮州は観光地や景勝地がとても多いので、できればまわってみたいという見どころを以下に紹介します。

Chaozhou 潮州ざっくり把握

6，広済門界隈

7，新市街の市場

8，鳳凰塔

9，開元寺泰仏殿

10，青龍古廟

新市街と旧城間のアクセス

潮州バスターミナルや
ホテルの集まる新市街から
潮州旧城に行ってみましょう

潮州旧城行ってみよう

潮州旧城は石畳の細い路地が残り、牌坊が連なる華南有数の歴史名城となっています。それゆえ潮州旧城には車やバスは入れません。そのため、バスで潮州旧城に行く場合は、路線バス1路か、8路で「城南小学（開元寺近く）」「南橋市場（牌坊街の入口）」へ向かいましょう。また街路の決して広くない潮州では、バイタクやオート三輪車がかなり利用されています。バイタクは著名ホテルやバスターミナル前に待機していますので、「広済門」「開元寺」「南橋（牌坊街の入口）」あたりの行き先を告げて、街歩きをはじめてみましょう。

Chaozhou 新市街と旧城間のアクセス

［アクセス情報］**新市街〜潮州旧城**

・路線バス1路、8路、10路

・バイタクでひと乗り10元程度

［アクセス情報］**路線バス1路**

・朝6時40分〜18時30分、2元

・東湖住宅区　东湖住宅区〜韓山宿舎　韩山宿舎〜韓山師範　韩山师范〜慧如公園　慧如公园〜橋東車站　桥东车站〜○南橋市場　南桥市场〜城新路口　城新路口〜○城南小学　城南小学〜中心医院　中心医院〜河頭　河头〜○汽車総站　汽车总站〜

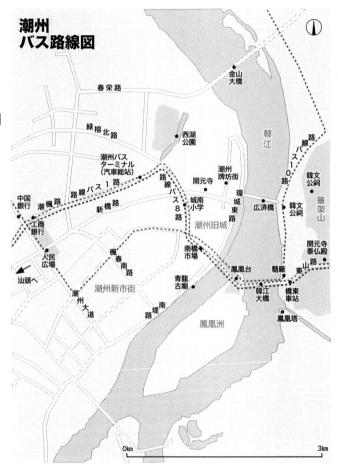

CHINA
潮州

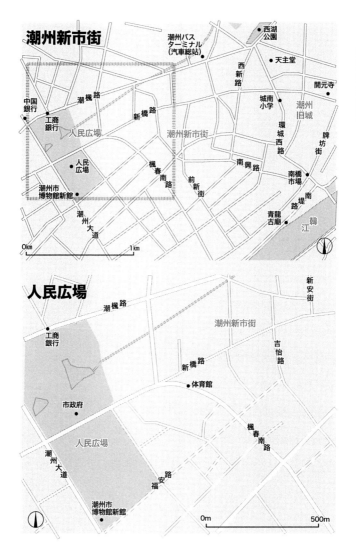

新市街と旧城間のアクセス

潮州

保健院 保健院～金信大廈 金信大厦～金都園 金都园～聯通大廈 联通大厦～潮州海関 潮州海关～工商銀行 工商银行～中銀大廈 中银大厦～卜蜂蓮花 卜蜂莲花～楓溪広場西 枫溪广场西～陶瓷城 陶瓷城～楓一路口 枫一路口～蔵竜路口 藏龙路口～德州路口 德州路口～火車站 火车站～浮崗路口 浮岗路口～鳳塘鎮路口 凤塘镇路口～三環 三环～韓鋼（雄烽科技）韩钢（雄烽科技）～～后隴路口 后陇路口～后隴收費站 后陇收费站

▲左　細い路地が続く潮州旧城。　▲右　中国を代表する海鮮料理が食べられる

［アクセス情報］路線バス8路

・朝6時40分〜18時45分、2元

・陶瓷学院　陶瓷学院〜秋渓路口　秋渓路口〜燐渓渓口雨亭　磷溪渓口雨亭〜紅山党校　红山党校〜淡浮院路口　淡浮院路口〜衛校　卫校〜部隊路口　部队路口〜黄金塘　黄金塘〜金山中学　金山中学〜技工学校　技工学校〜韓山師院　韩山师院〜慧如公園　慧如公园〜橋東車站　桥东车站〜〇南橋市場　南桥市场〜城新路口　城新路口〜〇城南小学　城南小学〜中心医院　中心医院〜河頭　河头〜〇汽車総站　汽车总站〜保健院　保健院〜金信大廈　金信大厦〜金都園　金都园〜聯通大廈　联通大

厦～潮州海関 潮州海关～工商銀行 工商银行～中銀大厦 中銀大厦～卜蜂蓮花 卜蜂莲花～雄英大厦 雄英大厦～瓷興路口 瓷兴路口～楓渓舗尾 枫溪铺尾～月英池 月英池～長美橋 长美桥～長美市場 长美市场～楓洋路口 枫洋路口～古巷鎮政府 古巷镇政府

[アクセス情報] **路線バス 10 路**

・朝 6 時 40 分～18 時 30 分、2 元

・大新郷 大新乡～高級中学 高级中学～国税局 国税局～中国銀行 中国银行～発展銀行 发展银行～○人民広場 人民广

Chaozhou

新市街と旧城間のアクセス

場～国土局 国土局～市検察院 市检察院～市交通局 市交通局～粤潮花園 粤潮花园～信怡園 信怡园～永護路口 永护路口～潮州医院 潮州医院～〇南橋市場 南桥市场～糖廠 糖厂～維蘭中学 维兰中学～〇韓文公祠 韩文公祠～橋東医院 桥东医院～下津 下津～中津 中津～麻倉 麻仓～意溪鎮政府 意溪镇政府～壩街尾 坝街尾～意溪壩街尾 意溪坝街尾～松林寺 松林寺

潮州旧城
歩いて
みよう

潮州料理や茶店などがならび
街を半日ほどぶらぶらしても
飽きないのが潮州旧城です

旧城歩こう

潮州旧城は、華南でもめずらしいほど、昔ながらの面影が残っています。まずは潮州の目抜き通りとも言える「牌坊街（太平路）」です。南橋から牌坊街が潮州の大黒柱のように、ずっと伸びています。立つ牌坊の数は、40以上。そして、この牌坊街から脇に路地が無数に走っているのです。たとえはおかしいかもしれませんが、「背骨（牌坊街）」と「肋骨（路地）」のような関係に似ています。この牌坊街から「開元寺」、そして韓江に面した「広済門」「広済橋」あたりが潮州旧城のハイライトと言えます。このあたりには潮州府城墻遺址、天

Chaozhou 潮州旧城歩いてみよう

后宮、潮州饒宗頤学術館、潮州料理店などが集まりますので、とても楽しめるエリアとなっています。

中国でもっともすごい広済橋

潮州を象徴するもの。それは韓江にかかる「広済橋」です。広済橋は韓江の西岸と東岸から橋が伸びていまして、その中央には18艘の浮船がならべられています。この広済橋は北京の盧溝橋、石家荘近郊の趙州橋、泉州の洛陽橋とともに中国四大名橋にあげられますが、かたちの特異さや機能性という面から「広済橋こそ、中国でもっともすごい橋だ！」と言

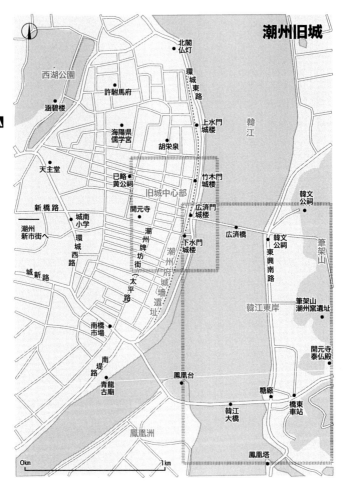

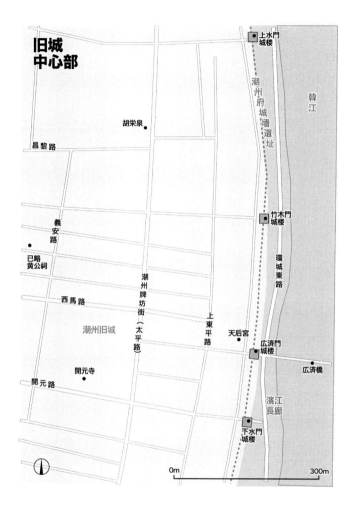

CHINA
潮州

いたいと思います。ちなみに、この広済橋。夕方になると、中央の浮船がはずされていきます。そして、夜から朝にかけては大型船が韓江を往来できるのですね。南宋の1226年に完成した広済橋は今、世界各地にある可動橋のはしりだと言われていますので、夕方、橋のほとりから浮船がはずされていくところを見るのも一興です(閉橋してしばらくしてから、その様子を見ることができました)。韓江ほとりの濱江長廊でたそがれながら、広済橋や韓江の流れをぼーっとするのも心地よいでしょう。

▲左　広済橋の中央部の浮船からのぞむ韓江。　▲右　中国四大名橋にあげられる見事なたたずまい

路地ものぞいてみよう

潮州旧城の魅力は何と言っても、石畳の路地です。牌坊街から少し脇にそれると、昔ながらの息づかいを感じられます。なかでも歩いてよかった！　と言う路地を３つほど、ご案内します。まずは「甲第巷」です（「猷巷」「竈巷」「義井巷」「興寧巷」「甲第巷」「家伙巷」「石牌巷」「辜厝巷」「鄭厝巷」「庵巷」はあわせて潮州十大名巷と呼ばれています）。次に開元寺裏の「西馬路」です。こちらには潮州小吃店がいくつもならんでいます。第３に已略黄公祠の位置する「鉄巷」です。已略黄公祠では潮州名物の見事な天井の木彫が見られます。また

CHINA
潮州

その北側の海陽県儒学宮界隈では、漢方店や刺繍店などもあ024りますので、ぜひとも歩いて、潮州旧城をご体感いただければと思います。

潮州料理ここで食べよう

潮州に来て、忘れてはならないのが潮州料理です。牌坊街から広済門あたりにかけては潮州料理店がずらりとならびます。小吃店なら西馬路も有名ですが、なんと言っても牌坊街の「胡栄泉」を訪れたいところです。次から次へと人の押し寄せる潮州小吃の名店、とは言え店構えはいたって普通。し

▲左　絶品の甘味、胡栄泉の「鴨母捻」。　▲右　「炸餃湯」をつくっている最中

かも、お手頃価格で、料理や点心を提供しています。胡栄泉の看板メニュー「炸餃湯」「鴨母捻」は本当に美味い！　頼んで間違いなしの味でした。「炸餃湯」を食べたあとに、デザートとして「鴨母捻」や他の点心を頼むとよいかもしれません（夕方閉まるのが早いので、昼に訪れることをおすすめします）。また牌坊街には、潮州工夫茶を出す店なども見られますので、ところどころ店を冷やかしながら、歩くとよいと思います。ただし、潮州牌坊街で一度だけ、店舗の写真を撮ると撮影料を請求されましたので、そういうこともあると念頭においてください（データを消して許してもらいました）。

CHINA
潮州

[DATA] **潮州牌坊街（太平路）**潮州牌坊街
cháo zhōu pái fāng jiē チャオチョウパイファンジエ

・24時間

・日が暮れるとすぐに店は閉まる

[DATA] **開元寺** 开元寺 **kāi yuán sì カァイユゥエンスウ**

・8時～17時ごろ

・無料

・有料との情報もあるが、調査時は無料だった。また夏季だったこともあり、18時を過ぎても伽藍のなかへ入れた

潮州旧城歩いてみよう

[DATA] **広済門城楼** 广济门城楼 guǎng jì mén chéng lóu グゥアンジイメンチャンロウ

・8時〜17時ごろ

・外観は24時間。夜はライトアップされる

[DATA] **広済橋** 广济桥 guǎng jì qiáo グゥアンジイチャオ

・10時〜17時半（冬10時〜16時半、週末と休日は9時〜17時半）

・50元

・橋が閉まってまもなく、浮船のとりはずしが見られる

我想去
潮州牌坊街

[見せる中国語]
wǒ xiǎng qù cháo zhōu pái fāng jiē
ウォシィアン・チュウ・
チャオチョウパイファンジエ
私は潮州牌坊街に行きたい

我想去开元寺

[見せる中国語]
wǒ xiǎng qù kāi yuán sì
ウォシィアン・チュウ・
カァイユゥエンスウ
私は開元寺に行きたい

我想去广济门城楼

[見せる中国語]
wǒ xiǎng qù guǎng jì mén chéng lóu
ウォシィアン・チュウ・
　グゥアンジイメンチャンロウ
私は広済門城楼に行きたい

我想去广济桥

[見せる中国語]
wǒ xiǎng qù guǎng jì qiáo
ウォシィアン・チュウ・
グゥアンジイチャオ
私は広済橋に行きたい

我想去胡荣泉

[見せる中国語]
wǒ xiǎng qù hú róng quán
ウォシィアン・チュウ・
フウロォンチュウエン
私は胡栄泉に行きたい

我想去韩文公祠

[見せる中国語]
wǒ xiǎng qù hán wén gōng cí
ウォシィアン・チュウ・
ハァンウェンゴォンツウ
私は韓文公祠に行きたい

我想去
开元寺
泰佛殿

[見せる中国語]
wǒ xiǎng qù kāi yuán sì tài fú diàn
ウォシィアン・チュウ・
カイユゥエンスウタイフウディエン
私は開元寺泰仏殿に行きたい

我想去凤凰塔

[見せる中国語]
wǒ xiǎng qù fèng huáng tǎ
ウォシィアン・チュウ・フェンフゥアンタア
私は鳳凰塔に行きたい

我想去青龙古庙

[見せる中国語]
wǒ xiǎng qù qīng lóng gǔ miào
ウォシィアン・チュウ・
チィンロォングウミィアオ
私は青龍古廟に行きたい

さらに潮州観光しよう

潮州旧城の対岸にはなにがあるの？
韓文公祠、開元寺泰仏殿、鳳凰塔など
の見どころが位置します

おすすめコース

潮州の観光で難しいのが、先に潮州旧城を歩く？　それとも韓文公祠のある対岸側に行く？　というものです。広済橋は潮州最大のハイライトですが、渡ってしまうと、戻るのがなかなか面倒なのです。そこで、広済橋を渡ってしまったなら、思い切って大きく時計まわりに1周しながら「韓文公祠」「開元寺泰仏殿」「鳳凰塔」「青龍古廟」と観光してみましょう。韓文公祠は唐代の潮州に赴任（左遷）した詩人韓愈をまつり、山の斜面に展開する祠上部からは韓江と、その対岸の潮州旧城をながめることができます。そして開元寺泰仏殿はタイ式

潮州

のお寺が雲南省以外で見られる稀有なケース、鳳凰塔は潮州旧城側からも見えるとても気になる存在、青龍古廟ではど派手なこの地方の寺院装飾が見られます。

ぐるり1周のアクセス

広済橋を渡って韓文公祠を観光後、南の韓江大橋へ向かいましょう。乗る路線バスは、「韓文公祠」から10路で「糖廠」下車です。「糖廠」はちょうど韓江大橋の東岸にあたりますので、ここから開元寺泰仏殿、鳳凰塔は歩いていける距離。実はこの区間はオート三輪車に乗り、5元でした。徒歩

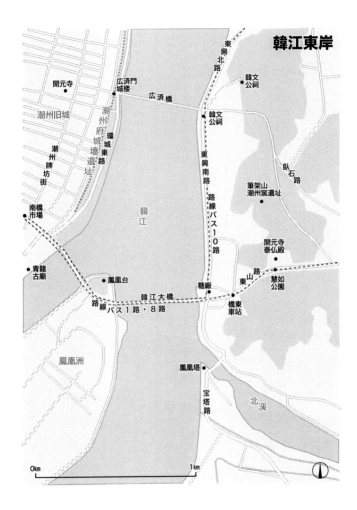

韓江東岸

Chaozhou

さらに潮州観光しよう

潮州

1200m、15分で歩けなくもない距離となっています。開元寺泰仏殿、鳳凰塔の観光を済ませたら「橋東車站」から韓江を渡る路線バス1路か、8路に乗りましょう。韓江を渡ってひと駅の「南橋市場」下車です。ちなみに韓江には中洲の鳳凰洲が浮かんでいまして、そこには鳳凰台という観光名所もあります。その場合、バスはとまりませんので、徒歩か、オート三輪車（バイタク）の利用となります。「南橋市場」に着いたら青龍古廟まで徒歩で650m、9分ほどです。この青龍古廟は韓江に向かって開放的な伽藍をもつ、とてもおすすめな見どころです。1時間ぐらいぼぉーっとしていてもいい

▲左　潮州旧城からも見える鳳凰塔。　▲右　韓文公祠近くの韓山師範学院

かもしれません。ぐるりと1周旅が終わったら、「南橋市場」に戻りましょう。ここは潮州旧城の南門（牌坊街の入口）にあたります。

[DATA] **韓文公祠** 韩文公祠
hán wén gōng cí ハァンウェンゴォンツウ

・8時半〜17時半

・20元

潮州

[DATA] **開元寺泰仏殿** 开元寺泰佛殿
kāi yuán sì tài fú diàn カイユゥエンスウタイフウディエン

・7 〜 18 時

・無料（寄付する様式）

[DATA] **鳳凰塔** 凤凰塔 **fèng huáng tǎ フェンフゥアンタア**

・外からは 24 時間。野ざらしの状態だった

・調査時は無料

▲左　華僑を通じてタイと深いつながりのある潮州、開元寺泰仏殿にて。
▲右　開放的なここちよい伽藍をもつ青龍古廟

[DATA] **青龍古廟** 青龙古庙
qīng lóng gǔ miào チィンロォングウミィアオ

・調査時は無料

・http://www.czqlgm.com/

新市街の市場も実は楽しい

新市街というと、どこか整然とした街並みで、オフィス街で、旅行者としてはあまりおもしろくないという一面もあると思います。しかし、潮州の場合は、新市街の街歩きもおもしろいのです。まず、潮州旧城と新市街を結ぶ大動脈の「新橋路」

CHINA
潮州

です。ここが実質、潮州の目抜き通りと言えるでしょう。続いて、「新橋路」からそれぞれ南北に入った「吉怡路」と「新安街」は地元の人たちが集まるバザールとなっていて、飲食店や屋台も見られました。また、このあたりでは犬肉店も発見しました。さらに新市街を東西に走る「福安路」です。「福安路」には大型レストランがならびますので、食事をとることもできるでしょう。

汕頭
行って
みよう

潮州の次は汕頭に行ってみましょう
バスが潮州と汕頭のあいだを
往来しています

汕頭行こう

潮州まで来たなら、汕頭まで足を伸ばしてみましょう。潮州と汕頭は言わば双子都市。35 kmほど離れていて、バスで大体1〜1時間半程度の乗車時間となっています。汕頭行きのバスは「潮州バスターミナル（潮州汽车总站）」もしくは「潮州客運バスセンター（潮州客运中心枢纽站）」から。どちらで乗っても構いません。というのは「潮州バスターミナル（潮州汽车总站）」から出て、「潮州客運バスターミナル（潮州客运中心枢纽站）」で乗客をピックアップしていく仕組みだからです。乗る場所は違っても、乗るバスは同じ、といったと

ころでしょうか?

[アクセス情報] 潮州~汕頭

・「潮州バスターミナル(潮州汽车总站)」もしくは「潮州客運バスセンター(潮州客运中心枢纽站)」から

・所要1時間~1時間半程度。それほど待たずに定期的に出ている

・15元

Chaozhou 汕頭行ってみよう

▲左　早朝の潮州バスターミナル前の屋台にて。　▲右　港町汕頭へ、バスがふたつの街を結ぶ

汕頭着いたら・・・

汕頭にも「汕頭バスターミナル（汕头汽车总站）」「汕頭中旅客運ターミナル（汕头中旅客運站）」などいくつかのバスターミナルがありましたが、同様にひとつのバスが、それぞれのバスターミナルを順番にまわっていく仕組みでした。汕頭旧市街へ行くなら、とりあえず「汕頭バスターミナル（汕头汽车总站）」で下車しましょう。潮州側から最初に着く汕頭のバスターミナルとなっています。

我想去汕头

[見せる中国語]
wǒ xiǎng zuò shàn tóu
ウォシィアン・チュウ
シャァントォウ
私は汕頭に
行きたい